AF332326

SOUVENIR

AU

R. P. CHAUVEAU S. J.

AU NOM

DE L'OUVROIR DES RELIGIEUX EXPULSÉS

PAR LE

R. P. BOURGEOIS

DE L'ORDRE DES FRÈRES PRÊCHEURS

 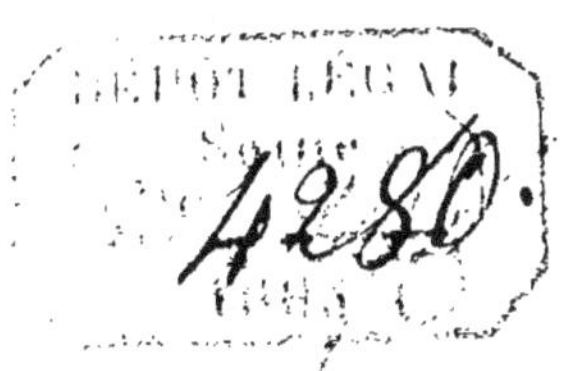

Cette allocution a été prononcée dans la chapelle des Sœurs de la Congrégation Notre-Dame, avenue Hoche, à la messe de trentième jour, dite par les soins et en présence des Dames de l'Ouvroir des Religieux expulsés, pour le repos de l'âme du R. P. Chauveau.

Mesdames,

Vous vous souvenez de ce qui se passait, il y a un mois, ici même, et tout près de cette chapelle.

Le saint religieux dans lequel beaucoup d'entre vous saluaient le formateur habile et dévoué de leurs enfants, que d'autres vénéraient comme un guide et presque comme un père, que toutes vous appréciiez comme le Directeur actif et courageux de l'Œuvre qui vous réunit chaque mois dans cette chapelle, et à laquelle les Communautés des Religieux dispersés sont si heureuses de devoir et de témoigner leur gratitude ; ce religieux, dis-je, tomba't comme foudroyé à deux pas de cette maison, et après vous avoir apporté le suprême effort d'une volonté supérieure à ses forces.

Dieu le prenait comme un soldat sur la brèche, pour le récompenser de ses travaux et de ses sacrifices ; car quels travaux n'avait-il pas entrepris et quels sacrifices n'a-vait-il pas acceptés pour lui !

Ceux qui l'avaient connu et aimé lui firent, alors, des obsèques en proportion avec leur estime, sinon avec son mérite ; l'impression en est assurément demeurée gravée dans votre souvenir. Mais vous avez pensé que c'était le devoir de votre œuvre de payer aussi un tribut de recon-naissance à celui qui l'a dirigée, pendant trop peu de temps, hélas ! et c'est avec bonheur que j'ai accepté d'être l'inter-prête de vos pensées et de vos sentiments.

I

Parmi les hommes auxquels la Sainte Ecriture décerne des éloges, je rencontre celui qui a été fort dans l'épreuve. *Celui-là est bienheureux*, dit le texte Saint, *car, après l'heure de la lutte, il recevra la couronne de vie que Dieu a promise à ceux qui l'aiment* (1). Ces paroles me semblent

---

(1) *Beatus vir qui suffert tentationem quoniam, cum probatus fuerit, accipiet coronam vitœ quam repromiset deus diligentibus se.* (Jac 1.) (Cité à l'office des martyrs).

admirablement convenir au religieux que nous pleurons.

Homme, il l'a été dans la plus haute acception du mot. Il a été, non pas l'hommme de la terre, *homo*, mais l'homme du courage, *vir* ; l'homme dont le caractère essentiel est la force. Cette force, il l'a montrée de bonne heure et son entrée même en religion en a été la révélation. Tout jeune, il avait rêvé de se donner à Dieu : il avait regardé la terre et l'avait trouvée digne de mépris. Il avait été pris de je ne sais quel dégoût prématuré du monde et de ses joies ; il avait souhaité de dire à Dieu : Seigneur, vous serez mon partage pour jamais ; ma richesse ce sera vous, ma liberté ce sera vous, vous me serez mes meilleures joies, et le reste ne me sera rien. Et l'heure est venue, il n'hésitera pas, il verra la glorieuse Compagnie de Jésus bannie et persécutée, c'est vers elle qu'il tournera ses regards. Il lui faudra quitter son pays pour se donner à elle, ou, tout au moins, s'en aller à la frontière ; peut-être redouter l'exil pendant de longues années. Peu lui importe. Il est homme déjà, et le sacrifice, loin de l'abattre, sollicite son courage.

Cette même force, il la déploiera pendant les longues années d'une existence vouée à l'enfance. La grande énergie, en effet, ce n'est pas seulement celle qui agit dans de graves circonstances ; c'est encore, c'est, surtout, celle qui supporte vaillamment les devoirs de chaque jour, celle qui ne fléchit pas sous le fardeau de la vie, mais qui, les yeux levés au Ciel, accomplit sans défaillir la tâche obscure et monotone qu'elle apporte avec elle. Tel était bien le Père Chauveau, et ceux qui l'ont connu, surveillant, professeur ou préfet, n'ont pas oublié « dans son dévouement vigoureux et zélé, le courage constant que de grandes fatigues même ne savaient pas désarmer. »

Mais ce fut surtout pendant les douze dernières années de sa vie qu'il manifesta cette force d'une manière admirable.

Lorsque éclata cette guerre désastreuse qui devait nous apporter tant de ruines mais révéler tant d'héroïques courages il était à Paris, et je ne vous étonnerai pas en vous disant qu'il voulut lui aussi payer à sa patrie la dette d'un enfant dévoué. Pendant ces mois douloureux dont le souvenir est si vivant pour ceux qui les ont connus, on le vit partager les dangers de nos soldats, encourager leur ardeur, soigner leurs blessures ou purifier leurs âmes. Comment en eut-il été autrement quand il comptait tant d'enfants sur les champs de bataille du pays dont le patriotisme, généreux jusqu'à la mort, n'était que comme un rayon et un écho du sien !.... Et ce sont de tels hommes qu'on accuse de manquer d'amour pour leur pays, qu'on disperse, qu'on proscrit et dont on voudrait, s'il était possible, faire à jamais disparaitre le nom des souvenirs de la France !... On n'y réussira pas. Il suffit de quelques hommes comme le Père Chauveau pour faire à ces tentatives sacrilèges une barrière invincible et une réponse victorieuse.

Et puis, une heure plus douloureuse sonna : celle de la guerre civile. Est-ce que nous ne le retrouvons pas encore fort et vaillant? S'il n'eut pas, comme plusieurs de ses frères, l'enviable honneur de verser son sang pour la cause de Dieu et de l'Église, certes, ce ne fut pas sa faute ; car il n'avait pas hésité à se remettre librement, avec son Supérieur aux mains de ceux qui venaient les saisir. Mais, en dépit de tout, Dieu ne voulut pas de sa vie ; il l'avait prédestiné à être le digne successeur d'un de ceux qui devaient donner leur sang, on sait avec quel joyeux abandon et quelle incomparable sérénité !

Ce fut la tâche de dix années qui furent les plus remplies

de la vie du Père Chauveau, que le collège de Vaugirard n'oubliera pas, et dont il portera longtemps, la puissante empreinte.

II

Il semble, Mesdames, que tant d'efforts, et un emploi si généreux de la vie eussent dû être couronnés par les encouragements du pays, ou tout au moins par le respect de la liberté et par la tolérance. Vous savez ce qui est arrivé : — Je ne veux pas récriminer; mais je puis bien dire que ce fut là l'épreuve la plus dure pour le Père Chauveau. Voir péricliter ou se transformer ce cher collège pour lequel il avait tant fait; être contraint de le quitter lui-même, après avoir vu, sur toute la surface du pays, fermer ces foyers de piété et de charité, ouverts et alimentés par le zèle fervent de ses frères ? Je ne crois pas qu'il y ait eu une épreuve plus douloureuse pour lui. Il n'y succomba pas, pourtant, puisqu'au contraire, il trouva dans cette épreuve même, comme l'occasion de rendre de nouveaux services à la cause de la Religion et des âmes.

L'apostolat qu'il avait exercé sous la forme de l'éducation, il l'exerça désormais sous la forme de la charité, et plusieurs associations lui durent si ce n'est leur naissance au moins leur progrès. J'ai nommé l'*Œuvre de l'Enfant Jésus* pour la première communion des jeunes filles pauvres et celle de la *Providence* à laquelle il donnait des soins assidus. Votre Œuvre, Mesdames, ainsi que l'écrivait un de ses compagnons, reçu son dernier mot et presque son dernier soupir. Je ne vous dirai pas ce qu'il y était ; mais je suis sûr qu'en admirant son zèle à venir en aide aux Religieux expulsés, vous avez constaté son désir constant de vous faire avancer vous-même dans la voie d'une piété véritable et généreuse. C'est qu'il savait que le bien ne se fait parfaitement qu'autant qu'on met d'abord son âme à l'unisson de la charité divine. Puissiez-vous vous souvenir de ses vœux et entendre cette voix qui, du fond de son cercueil, vous convie encore à un amour de Dieu fervent et progressif ! Puissiez-vous vous souvenir de ces conseils si sages et si pratiques qu'il vous donnait naguère. Leur exécution sera sûrement pour vous la meilleure source de la paix et de la joie dans la vertu.

J'ai donc le droit de dire qu'il a été bienheureux — qu'il est aujourd'hui bienheureux. Oui, il est bienheureux parce que, l'épreuve finie, il a reçu la couronne de vie que Dieu promet à ceux qui l'ont aimé, et qu'il y a, d'ailleurs, des circonstances ou il faut plutôt applaudir aux morts que féliciter les vivants.

C'était en 1871, le 4 avril, le jour à jamais funeste où furent cernés et trainés en prison les Pères de la rue des Postes et de la rue de Sèvres, Monsieur le curé de la Madeleine et Monseigneur l'archevêque de Paris. La troupe qui avait déposé les Pères à la Conciergerie était venue chercher une proie nouvelle dans une maison de religieux, vivant modestement ensemble dans le voisinage du Panthéon. Je n'oublierai jamais les mortelles heures de cette journée et le couvent envahi par une horde armée et avinée. Le ciel était bien sombre, bien menaçant, et de lugubres lueurs le sillonnaient. Il s'y leva, pourtant, un rayon lumineux sous la forme de quelques paroles de la Sainte Ecriture jetées comme par hasard sous les yeux des victimes. *J'ai regardé autour de moi* disait le Livre Saint, *et j'ai entendu les calomnies qui sont débitées sous le soleil, j'ai vu les larmes des innocents, et il n'y avait personne pour les consoler. J'ai vu les opprimés impuissants à résister à la violence, privés qu'ils étaient de tout secours, et j'ai estimé plus heureux les morts que les vivants* (1).

Ces paroles, Mesdames, ne semblent-elles pas s'appliquer encore aujourd'hui à la situation faite aux ordres religieux dans notre pays? Aujourd'hui, comme il y a douze ans, d'étranges calomnies sont débitées au soleil, et s'il y a des cœurs amis et généreux pour consoler les innocents et pour les assister ceux-ci n'en sont pas moins réduits à l'impuissance contre les coups des oppresseurs. Ceux qui meurent sont donc plus heureux que ceux qui vivent. *Et laudavi magis mortuos quam viventes!*

Que ce soit là, Mesdames, notre consolation au souvenir de celui que nous avons perdu. Il a quitté le lieu du mensonge et de l'épreuve et il a trouvé, dans le lieu et près de la source de la justice, la couronne que lui ont obtenue, avec la grâce de Dieu, ses travaux, ses vertus et, dès lors, ses mérites.

Ainsi soit-il !

---

(1) *Verti me ad alia, et vidi calumnias quæ sub sole geruntur et lacrymas innocentium et neminem consolatorem : Nec posse resistere eorum violentiæ, cunctorum auxilio destitutos. Et laudavi magis mortuos quam viventes.* (Eccles, IV 1-2.)

5040 — Paris-Auteuil. — Imp. des Apprentis-Orphelins, Roussel. 40, rue La Fontaine.

Paris-Auteuil. — Imp. des App.-Orph. — Roussel, 40, rue La Fontaine